꽃등 켜는 고목

지성 · 감성의 메타언어
조선문학시인선 · 309

꽃등 켜는 고목

전 경 우 시집

조선문학사

■ 책머리에

생기가 떨어진 체력에 생기 높일
한방침을 꽂고 흘러간 춘하추동 속에
범접해 달려있는 희노애락끈을 당기니
회춘이 걸어나와서 얼굴 붉힌다.

사춘기 아닌 사춘기 인가보다. 일생을 하루에 비교한다면 활발하게 활동한 기간은 정오와 다를바 없다.

국문과를 가려고 했으나 아버님 성화에 (남자는 법학을 공부해야 한번쯤 사회적으로 예우를 받는다는 아버지의 타이름에) 법학을 전공했으나 틀에 박힌 법전서 노예라기보다 인간미가 작아짐에 법전을 접어두고 대지가 팔 벌린 품에서 '건설' 명명에 재미 붙여 자유롭게 살다보니 홍옥으로 익은 낙조의 해를 닮아 미수를 이마에 붙이고 생각에 잠기니 정오가 휙 지나갔다.

아침 햇살처럼 순하게 활동했던 젊은 날, 삶의 짐 내려 놓은지 오랜 지금 소년으로 돌아와 평소에 생각나는데로 적어 두었던 글들을 정리한 원고지를 본 가족이 책내기를 권유했다.

시법, 시론에 의해 시를 빚어야 한다는 지인(知人)의 말도 귀담아 들었다.

'양극화', '객관적인 상관물', '폭력적 결합'을 주장한 T.S엘리엇이나 견자를 요구했던 랭보를 따라 갈 수는 없지만 미숙한대로 노력으로 선지식 시인 흉내내어 시집을 묶는다.

노옹의 열정이라고 눈여겨 읽어주신 애독자가 있는것만으로도 만족한다.

출판을 도와주신 조선문학사에 감사드리고 성원을 아끼지 않은 가족에게도 고맙게 생각한다.

2012. 봄 여는 길목
탄천이 내려다 보이는 서재에서
전경우

전경우 시집 **꽃등 켜는 고목**

제2부 보물1호

제3부 월계관

제4부 평상심

제5부 시집평설

제1부

입춘

봄

빳빳하게 얼어 굳었던
꺾인 무명필에
풀기가 가셨다

개폐기능을 상실했던
창호문 뒤에 숨어있던 방안이
겨우내 뒤집어 쓴 먼지를 털고
얼굴을 내민다

울타리 가로 둘러친 가지들이
방울종을 흔들어
노란 종소리로 한나절을 감아 두르고

입덧이라도 났는지
참새 몇 마리가
한나절 여린 햇볕을
껍질까듯 쪼아대고 있다

꽃

수줍어 붉히는
가득한 부끄러움 이었다가
천사도 지을 수 없는
환한 미소였다가
날선 바늘끝 햇살에 꽂힌
나비였다가
한나절 그늘을 말아가는
바람이었다가
하느님이나 읽을 수 있는
말로는 해독할 수 없는 표정이었다가

如可 如可
五如可

※ 如可(여가) : '다가'의 이두식 표기.

매 · 난 · 국 · 죽(梅 · 蘭 · 菊 · 竹)

매

서설속에 꽁꽁 감췄다가
붉은 마음 드러내는
거동담아 피워내는
하얀 마음

난

휘어도 휘어도
속내 드러내지 않는
풋풋하고 아련한 정 마주보며

맑은 젊은 날
엉킨 시선의
향수

국

지조에 공명감고
은장도 절개지녀
긴 여름 철골 삼아
흔쾌히 지내더니

늦가을 된서리
꽃잎 흔듦에도 절개지켜
비단신코 내밀며
석벽에 화폭타고 앉아
황홀하게 웃고 있네

죽

곧은 자세로 키 키운 허리
손대어봐도

마디에 굳은 신념
풀어볼일 전혀 없네

천년만에 핀다는
대꽃이 피면
꽃길 밟아 그대 마음
헤아려 볼거나

민들레

잎 뜯기면
넋 인듯 뚜욱뚝 떨려나와
손에 베어 검은 떡진 된 흰 피

흙기댄 낮은 키
노랑 빛으로 무리지어 봄 찬양하다
땅의 높은 온열에 산화된 흰 솜사탕

이는 바람에 섞여
부모곁을 떠나 터전잡아 자립하려
흩날리는 홀씨 귀향

산수유

겨울 끝자락에서
입춘을 시기하여
나목을 할켰던 칼바람

살가운 바람은
꽃 맺은 도우미된 시선으로
봄 알리려는 병김의 연두빛

봄과 여름 사이에서
견디고 이겨낸 화심
늙는 세포 살리고자 미소짓는 열매

입춘 (立春)
- Love Letter

북쪽
무명필로 풀어내린
빙폭

남쪽
쪽문이 풀어올린 춘풍에
도화색 물든 조춘

소녀가 접어내린
핑크빛 편전지 들고
채 펴보지 못한

떨리고 수줍은
홍조띤
소년

풍경

변함없이 가고 오는 계절품에서
소임을 다하려 다투듯 소생하는
사계의 유예

꽃바람
스치는 가지 싹틔워
자비품에서 피워내는 풍성한 잎
지난 여름날들의 향유

가을비는
도톰한 잎사위 얇게 녹여
붉음. 노랑. 주홍. 흑점가지 물들여
굳건한 예절로 천하를 주름 잡았댔는데

"막는 막대 넘어온 백발"이라 읊었던가
젊은 일상(日常) 풍류되어 '화무십일홍'일지라도
당차고 앗쌀하고 청송같은 장쾌한 기품은
고슴도치들에게 물려 줄 귀중한 내 유산일지니

꽃다발

열명의 예술가가
배치해 둔 자리 지키며
자기를 뽐내는 요정들

빛깔의 표정을 모아
무언의 축하를 담아
높, 낮은 지체의 눈길을 모아
베풀어 낸 구사의 잔치

시들면서도 요염의 몰입을 버리지않은
꽃들의 모습
폼사폼생

꽃의 사명 · 1

– 장미꽃

둥근 접시에 한송이 꽃
식단 맛 내려는 듯
우아한 잠

초대된 귀빈은
모로누운 꽃에 제모습 담듯
화병에 꽂아 세웠다

시들기 전까지
식욕 돋우도록
소임을 다하는 꽃의 생명

나의 존재도
그 생명에게 올려
꽃과 어울리는 친한 벗이 되었다

꽃의 사명 · 2

– 튤립

봄요정
높은 키 몰라도 눈이 부신 개화
작은 키로 열린 하늘바라기의 우매

존경의 눈길 올려도
멸시의 사시가 당차
나비만 반기다 종적 뿜어내는 절제의 고매

땅 기운만 의존해
종족을 거느린
구근의 사명

꽃의 사명 · 3

– 안개꽃

아득한 수평선에
피어나는 해무처럼
잔잔함 펼치는 순한 우매

저만치 지평선위에
그리움 펼쳐 노니는 꽃무리들
고요한 사명의 고매

매화

– 고목

쌓인 눈 털다
붉음 앞 세워
꽃등 켜는 고목

달빛 빌려와
창백한 봉창에 비친 그림자
묵화 한점 그린듯 하더니

매실이 풀어낸 매향 못잊어
벗과 마주하고 잔 기울이면
홍조 띤 취기는
복숭아털 소롯해 앳된 소년 볼이네

박꽃

무더운 여름밤 자락
고집하더니
짧은 밤 담소 나눠
갸날픔 밝혀든 박꽃 향 우매

밀월의 자락을 깔아
님 그리시더니
중추절 지나고 나서
덩그만이 익고 있는

초가 지붕위 대박의 고매

불쏘시개와 대장장이

무쇠 녹여 날 세울
불 살릴 원료
소나무 관솔 옹이

천년지난 뒤엔
호박이란 이름 세워
보석으로 태어나야할 관솔덩이

짧은 세월 실어 뭉친 송진
대장간 풀무질 도우는
불쏘시개

송진에 달궈 무쇠 관통한 빛깔
구조기 집게에 물려
구식을 떨쳐 내려 매맞는
쇠붙이의 고매

용담초꽃과 초리꽃

천지연에 고인
쪽물빛 드리워 태어난
다문 슬기로 세운 열한개 봉오리

별무리로 쏟아져 내려
흐트러진 가지 세워
황금빛 개화 달고

울타리인체
후광의 기를 풀어
용담초 보좌하고 있지, 초리꽃

민초는 왕초를 신뢰하고
왕초는 민초를 의지하고
예쁨을 초월하는 살가움 짙은 공존

정점

– 설경유감

개벽진 동풍이 이슬 풀면
맑은 광선 투영받아
물방울 다이아몬드처럼 빛났던 시절

타향살이 팔십년에 부모님 그리는 마음은
유택을 찾아가는데 숫자에 주눅들어
정수리에 꼰지선 서리그늘

비온날 갠날
꼬깃꼬깃 구겨진 주름속에 접혀
정답게 살고있는 추억의 가닥들

헤집으면 휘적휘적 걸어나온
감칠맛 났던 아름다운 내 젊은날 초상
눈 뜨면 찾아드니 얼마나 사랑하다 동행할거나

제2부

보물1호

광화문에서

인왕산 평풍삼아
조국의 얼을 딛고
초석으로 서 있는 광화문

영욕의 600년을
물결에 새긴
한강과 마주하며

노정(路程)은
밟힌 꿈 지우고 새 꿈 키울 담소 나눌
청사초롱 달고 있는 광화문

남한산성

성머리 기왓장에
독새풀이 성글다

담쟁이잎
성벽을 기어오르고

쑥국새 울음으로
팽팽히 부풀어 오른 적요
청솔잎에 찔려 터진다

병자굴욕 아는지 모르는지
세월로 왔다 세월로 가는 탄천
묵묵히 허리틀어 흐르고

숨죽인 역사의 숨결만
한숨처럼 들린다

담배에 관한 단상 · 1

– 담배 섭취의 고려

으뜸의 담배는
선조들이 즐기던
문경과 황간의 엽초 황초가 제일이다

어르신들 담배피운 흉내라도 낼라치면
어린애들이 담배피우면
뼈가 녹아 키가 안 큰다고
피우지 말라고 가르쳤다

세계 위인인
영국의 처칠 수상은
파이프에 독한 연초만 피웠어도
80세를 넘겼는데

이율배반된 양자의 심판
어느쪽을 믿고 마음놓고
기호품을 즐길 수 있을까

담배에 관한 단상 · 2

– 담배의 멋

단순한 물체지만
예의범절이 깃든
기호품이다

담배 애호가들이 즐기는 풍류를 살펴보면

한 학자는
한 발이나 되는 오죽대통을
배꼽나온 재떨이에 올려놓고
근엄하게 피우고

농부는
일손을 멈추고 한숨 돌리면서
곤방대나 부랑대로 맛나게 피우고

주막 마담 월매는
그리움 털어내려
한숨의 연기 말갛게 품어내고

사원과 벗들간에 오가는
담배 한 가치로 시름도 덜고
정을 묻혀내는 풍유산실의 원천이
아니었던가

무영탑

달빛 휘감아
짚신에 실려
먼먼길 온 아사녀

불국사 받쳐 줄 돌덩이에
영혼 담아 쪼아대는
달빛 녹인 정소리

한 층 또 한 층 석벽 오를때마다
탑신에 아사녀 새겨 넣은
석공의 진혼(盡魂)

불국사 이름 뒤에 병풍으로 둘러치고
천년 세월속에 맑음샘 되어
문화꽃으로 피어 있는
아사녀 아사달

보물 1호

- 기와

뻘처럼
생명을 키울 수 없는 찰흙
반죽하여 치댈수록 탄력있는 흙이다

반죽기계에서 모진매를 맞고
옥죄인 틀에 잘려
천도의 가마속에 익고 또 익어

잡티는 재가 되고 가벼운 몸짓은
한옥의 대들보 귀틀을 감싸고
천년을 보호하는

영원한 백제의 미소
생활보물 1호
기왓장

운현궁

뜨락 깊은 굴뚝 지키는 위용의 향목(香木)은
상록(常綠)으로
정절지키고 있기에

놋쇠 재털이 배꼽치는
오죽의 긴 담뱃대 대통주인
대원군 호령의 역동(力動)이 꿈틀거린듯하다

지휘를 뺏긴 한을 담아
도모하는 의지를 담아
잎 치켜 올려 뻗치는 먹물의 권위

날던 새도 주저앉는다는
웅장한 국태공 목소리 들릴 듯한
역사의 숨결이 메아리쳐 보이는 듯

영화의 샘으로 고여
굴뚝에서 파동쳐 피어오른
오색잔치의 향연

살아있는
역사의 관 숨쉬는
운현궁

섬진강

도도를 휘어넘어
굽이치는 물살 끼고 돌아도
아끼며 키워내는 제첩터전

길하나 사이 두었어도
의좋은 형제처럼
한 사발 제첩국에 시름을 내리고

순수 빛을 치고 정담세워
내일을 설계하는 경상도와 전라도 인심 낀
섬진강

중국기행 · 1

– 자금성

북쪽에 몸체를 두어
남쪽 향한 황제 위한 궁
천상의 성좌 자미원(紫薇垣)

성좌에서 이름 한자 따와 자(紫)
일반인 출입 제지 위한 개어(改語) 금(禁)
존재감 무게를 얹혀 황제 위한 성(城)하여 자금성

절제의 융성 별없는 별천지
천하무적 오색구름에 쌓여
무너진 부귀영화 자금성

중국기행 · 2

– 숭문구 시장에서

절대 고독자의 시선은
통자하(筒子河)를 건너
대중과 소통하려 필수품을 산다

외조행사가 잡힌 날은
해뜨기 전에 조정회의가 끝나면
도시구조에 알맞은 배치도 따라 구성된

열린시장에 눈을 떼지 못하고
어떤 구실을 찾아 내려는
구심점을 모으는 절대 고독자 시선

무력함에서 생기를 구워내 품는다

삶의 갈구 삶의 활력
삶의 희망이 꿈틀거림을

천안문 광장앞

숭문구 시장에서
비싼 값을 치르고 사들인 시선

중국 기행 · 3

- 계림에서

계림 풍경이
천하 제일이라기에
비서직함을 준 고희(古稀)
데블고 장도를 열었다

이강에 유람선 타고
기기묘묘한 절색가산에
혼이 뽑힌 착좌안구 몽롱하다가
절묘한 풍경에 활기를 얻었다

동쪽에서 온 칠십나그네
이강에 다시와 놀 기약 어려우니
해맑은 시름이 불꽃같아
세월에 쇠도 삭는 것을

제주 구연의 폭포

공허의 관상을 치고
몸세워 뽑아낸
관능적 미의 감각

세월에 새 모습 지니고도
우리의 함성으로
직선긋는 아픔에 혼의 절규

층계없는 물탑의 난파
순간포착의 감각적 예술
물방울 방울에

빛 나래 얹어 착상
빛의 나래에 얹어 요술
빛 나래에 얹어 통과

물방울 재탄생
빛과
다이아몬드

천안함

두 동강은 우리들 몫일까
3·8선으로 잘린 나라 허리
잘려나간 천안함 허리

뭍의 철조망보다
견고한 바다 울타리로
무명의 이름으로 살아 있었던 것을

소 잃고 외양간 고친다는
고담이 닻을 내리지는 아니했건만
조국이 성상(聖像)이있어
품은 용암을 진정해야지

산화된 용사들이여
충혼으로 지킨 조국
별되고 달되어
수호신 되심에 헌화 올리니
연평도 앞바다 지켜주소서

한강 · 1

물꼬는
미세한 곳에서 시작했으나
삼천리를 적시는 모태

얼룩진 사연 침전으로 삭이고
출렁이는 사위(四圍)는
쪽빛 자존으로 너를 본다

부족함 없이 키우며 다독인
위대한 힘
흔들림 없는 교교한 자태

뭇 마음 씻어내리고
북돋는 어머니의 힘
한국의 명강이어라

한강 · 2

얼룩진 청사(靑史)
굽이치는 물살에 갈무리하며
침잠하며 흐르는 강

낮은 곳은 스치고
높이 잴 수 없는 창연한 물살 헤우며
시간을 새긴 나르시스

만 년을 목놓아 한을 풀어도
또아리 틀어낸 수난의 힘
잊혀질리야

중단됨 없는 혈
우리의 혈맥이며 맥박이며
말 없는 역사의 증언자

한강

현충일

충절의 산맥을 넘어
초록물결에 누운
국군묘역

살아 있어도 죽어있는 이름과
죽었어도 살아있는 이름
두 이름이 맞이하는 6월

나라없는 백성은 천덕꾸러기고
나라있는 백성은 위풍당당한데
가신이 영령들의 뜻이 빛낸 기념일

노고해준 뜻 깊은 날 맞아
영령들의 혼신에 오늘의 안식
편안한 조국품에서 영면하소서

제3부

월계관

그믐달

기다림
또 기다림
마주친 합삭 등 떼밀어내
걸음 뒤에 솟아나는 체취에
밝음

그리움 · 1

– 어머니

방학의 고향방문은
푸른 꿈 영그는
어머니 품이었다

오뉴월 농염 기승
풋풋한 솔 향기 스민 고향집 대청마루
간담이 서늘하다

삼베 중의적삼
빳빳한 푸새 다듬이는
어머니 정성중에 또 하나 명품이었다

세상을 다 준대도
망중한(忙中閑) 신선(神仙) 놀음 부추기던
님의 정성에 비할까

노옹(老翁)테 두루고서야
학창시절 고향 불러냈더니
시샘이듯 손목잡는 님의 손길
눈시울이 맞이하네

낮 달

버렸다가 못잊어
손짓하는
어슴프레한 빛의 여백을 채우려
발자국 없이 따라가는
오기(五氣)

말씨의 경작

심사숙고한
언어경작의 전달은
귀를 행복하게 하고

부주의한
언어경작은 다툼의
불씨를 살리고

잔인한 언어경작은
말지은이와 듣는이의 삶에
작두날 되어 싹을 자른다

쓴 약은 몸보신용이지만
언어경작은 증오심을 심어
자라난 심성에 멍을 키운다

무례한 언어경작은
바람되어
사랑의 불씨를 끈다

은혜의 언어경작은
평탄한 길을 열어
가는 길 환한 빛되어 밝혀준다

초승달

웃는 눈 떼어 세워 걸고
시린 가슴 재우고 더운 가슴 세워
희망을 꿈꾸는 달

채우려는 말미를 두어
여믈어가는 포부 채워줄
시간의 여유

며느리의 전화

"여보세요 아버님 "
"응 내다 고슴도치다 고슴도치"
"예, 예 고슴도치가 뭡니까 아버님"
"전화로는 말 못하고 나중에 만나서 설명하마"
"돈도 없으실텐데 애들에게 맛난거 사주시고,
용돈주시고 돈이 어디서 나셨습니꺼어?"
"만나믄 알 동작 있데이"
손이 할애비자랑을 며늘아기에게 늘어논 모양인 듯 싶다
용돈 G.RO로 보냈다는 며늘아기 전화..
화려했던 젊음도 늙어지면 힘없이
자식살을 깎아먹는 고슴도치일뿐
힘 없어도 효도하는 용돈으로 손자들에게
회향할 수 있으니 이보다 값진 행복 어디 있겠노
자식들아 고맙데이

미로

마음이
인증하지 않은
간척 긴 회후 짧은 잣대의 만남
머뭇거리다 말 못하고
양보하다 헤어지는
행복과 슬픔이 하나의 긴 거리
배리(背理)로 분류된
용감한 머리, 수줍은 가슴
사랑의 이중주

고슴도치 주제에

믿음직스런 내 고슴도치들이
부모섬긴다고 용돈을 보내왔다
미안한 마음에 선뜻 찾지 못하고 있는데
아내의 용돈타령이 비위를 거슬린다

어슬렁거리며 인출해온 돈 다발을
방바닥에 휙 뿌리며
"고슴도치 주제에" 한마디를 던졌다

지폐속 세종대왕님의 무덤덤한 표정이
근엄하게 주름을 펴시며
"어흠, 평생을 뒷바라지 해준 면상에
주름을 깊게 하다니" 일갈이시다

나랏님 말씀을 귀동냥했는지
아내도
주섬주섬 간추린 돈다발에서
절반을 뚝 떼어 건네준다

탄천의 봄

얼음장을 녹이는
물소리에
봄기운이 밀려오는듯하다

아기 떼를 데블고
헤엄을 가르친 물 오리엄마
겨울을 움켜쥐고 있지만

탄천을 정돈하고 있는
개나리 나무에 색칠하고 있는
화공의 손길 바빠진 붓놀림

보름달

구름도 탐하지 못하도록
채우고 채워서
어둠 밝히고 남은 정염 모아
천개의 강물에 떠
다툼을 정배하여
밤 길 도우미

부모

어머니 가슴은
봄과 여름을 지냈다면
아버지 가슴은
가을과 겨울을 품고 있다

어머니의 풍성한 언어 기도앞에
아버지는 차를 운전하며
가난한 주문과 기도를 통성으로 외운다

자식이
밤늦게 안돌아 왔을때
어머니 걱정은 열 번이나
아버지 눈은 현관을 열 번 쳐다 본다

참이슬

톡쏜 향
액진 뽑아 낼 수 있는
누룩의 가치

다잽이로 태어난
마력의 이슬방울
쳐다만 보아도 냉가슴 더워진다

분수를 내려놓고
찻종에 너를 담아 뜨거운 가슴 식히려
소박한 수다 조잘대고 싶은

팔벌린 시계바늘
씨줄 긋는 비오는날
오후 3시

신부

젊음 펴낸 빈독
추억을 부으면
동동 떠오른 그리움

모 본단 베개모에
봉황수 뽄 떠 장원급제 담은
수틀미는 그대 마음

수침
한 땀 한 땀 꽂아
금사 입힌 붉은 벼슬

순하고 따뜻한
알뜰하고 예쁜 손빛
나의 신부

어머니

종부
며느리
아내
어머니로 사시다 가신
어머니

물려주신
천석꾼 유산보다
상속받은 만석꾼
불효로 불러보는
어머니

어버이 날

"아버님 뵙지 못하고 통장에 용돈 넣었습니다
어머님하고 정겹게 나눠 쓰십시오"
낭랑한 딸아이 목소리가
여운으로 맴돌며 행복하면서 콧등이 시리다
고슴도치, 고슴도치, 제 살 깎아먹는
"나는 고슴도치다, 나는 고슴도치다"라고
외침으로 팔순을 이긴다
딸아 고맙데이

오월

엮이고 엉킨
가지들이 뿜어올린
초록 이야기

너,나에게
단아하고 품위있게 유유하게
내어 준 초록 품

오월은
새 희망 설계를 선사한
숨은 꽃들의 이야기

월계관

일장기를 달았어도
광원의 빛을 담고
달리는 파발은

대한민국이란
조국의 병풍이 둘러치고
서 있기 때문이었다

나라없는 설움에
불굴의 의지를 담아
성난파도처럼 일어서야 했던 젊은 혈기
분수로 쏟았기 때문이었다

선혈로 공로자로
시대를 점령했던
애국의 표상 마라톤왕 손기정

정구대회

- 1950 전국대학생 정구대회 개최의 날

말랑말랑한 작은 공이
라켓 탄력타고 튕겨 나갈 때의
통쾌감

낮은 네트 넘어온 공
치받치려는 자세는
포효하려는 쟁취의 웅비가 도사려 있었다

아득히 먼 젊은 그날들
운동정신의 투합
의기양양한 우승기 휘날리며 행진했던
승리의 대구시가지

얼굴

승리의 깃폭은 펄럭이는데
주름진 깃폭에 숨었다 펼쳐지는
감춰진 모습 하나

저만치서
낯익음 알아내고
건내준 분홍빛 엽서 한장

잊혀진 버들가지사이 웃던 소녀
복숭아빛 붉은볼 처녀 되어
전설로 서있는데

설레이는 미래지향은
영원한 평행선 그려놓고
Y자 갈래진 길위에 선 젊은 그들

추억

심장 곁 바르고 있는
추억 한겹 빗겨내면
샘물 고이듯 차오른 그리움

수성 연못가 수양버들
한 손에 집으니 손목 마주 잡으라
홍조 띤 침묵이 소근거려도

흰 창호지
분홍빛 물들면 흔한 빛 싫다고
삐지면 어쩐다나

산 위에 떠 있는 무지개 보듯
꿈만 바라보며
꽃다이 피었던

열 여덟 내 순정

춘곤증 · 1

머뭇거림 없는
폭포수 같은
미움

밀물로 밀려오는
그 때 사랑의
향기

추억을 지고
가파르게 올라가는
지고지순한 고갯길

잊혀진 인연에게
나이테가 든 마음이
안부 묻는 한 줄쓰다 버린다

춘곤증 · 2

미처 몰랐겠죠
아둔한 머리
세상사는 방법을

교과서에서 발췌한
곧게 사는 법 익힘 문제로 풀다
세월 간 후에야 알게 되었죠

시작과 멈춤의
꼭짓점끼리 바라볼 수 있는
영원한 평행선이 있다는 것을

기찻길 두 줄 레일만이
목적을 향한 동행길이라는 것을
철들어서야 알았습니다

편지

– 아내에게 드리는 글

지폐를 간추린 당신의 굽은 등을 내려다보며
이 나이까지 '옹고집'지닌 날 곱게도 받아주신 당신
젊고 고운 한 때가 주마등처럼 지나가오
6.25전란, 피난 길 올랐던 세 가족 (당신과 큰 딸 아이와 나)
미군용 차를 못타면 생사에 불분명한 경각이 흐르는데
아이 업은 당신만 허락하고 나는 안태워 준 절박한 상황에서
중학교 때 배운 짧은 영어대화가 떠올라
미군에게 서투른 영어 한마디 소리쳤던 아슬아슬 했던 그 순간,
"She is my wife and my Baby I have no my Baby die"
말한마디에 가족으로 인증하고 O.K로 통과하여
트럭에 올랐던 아스라한 꿈같은 세월도 흘러
불의를 참지못한 대쪽같은 성미 받들고 건강한 자녀들
성장시켜 우리의 뜰을 알뜰히 가꾸어 온 당신이
계셨기에 오늘 있슴이 행복이라 이름지어 당신께 드립니다
사는 날까지 아끼는 연습을 시작하여 서로 바라보며 사십시다
여보! 고맙고 감사함을 이 한 페이지를 통해
젊은 날과 오늘을 올리니 맘 상하게 한 지난날들
불뚝이 성미지닌 날 용서 하시오

형제 기러기

청동빛 하늘을 등에지고
분홍빛 둥지를 찾아
구만리 날고난 형제 기러기

하늬바람 마파람 탈땐 둥둥떠
형 기러기는 동생 기러기 안부를 묻는다
기럭기럭 동생아 괜찮니? 기럭기럭 형 탈없어!

차가운 겨을 달빛 타고
목멘 안부 물으며 날던 시린 날들
삶의 뒤안길 추스려

추억을 열어 웃는 오늘이 행복한 형제 기러기

회향

용돈은 일상에 필요한
자양분을 지니고 있음이
생명이다

그 생명이 빛나는 요소는
어린 시절 할아버지께 받았던 사랑을
내 손자들에게 회향할 일이다

맛난 음식
충치 생긴다는 아메사탕
공원에서 친절히 놀아주기

지폐는 내일을 설계할 수 있고
생활의 활력소로
자상한 할애비로 상기시키는 물권 같기도하다

고사리 손에 용돈쥐어
아들내외 품에 보내기는
일상 중의 명품이다

제4부

평상심

귀향 · 1

청춘은
눈보라와 땡볕에서도
당참도 우월도 내려놓고

흙을 벗하려
느긋하게 채비를 추스르는
철든 옹에게

두 팔 벌려 언제라도 맞이해 준
고향은 쉼터며
어머니 품안이다

귀향 · 2

좌청룡
우백호가 품고 있는
백토, 적토, 마사토 중

살아있는 혈을 골라
쌍봉 지을 평수를
정해 둘 일이다

사랑의 열매
고습도치들 눈 꼬리 내리는
차분한 안가

그리움

한가한 마당 귀퉁이
바람이 살며시
잔설을 쓸어 모은다

정수리에 백모
하나, 둘 늘어
텃밭 가꾸어 군락 이루었는데

새 봄
추억을 싣고
또 오려나보다

뇌의 비밀

굵고 작은 세로선 배치도
판독대에 대면
상품이름 열거된 열린 창

바코드 등록됨 없어
들여다 볼 수 없는
사람 생김새

잠재해 있는 묘한 명령에
징징댄 이명과
살찐 가닥 정리할 수 없는

회로 얽힌 육중한 수뇌혈구(首腦血口)
인체공학도도
발견의 키만 역임하며

녹지않은 밀랍봉한
코르크 병마개 뚜껑속에
잠자는 바코드

눈이 내린다

– 서설 · 1

애증의 사모
청상소실 애끓음 돌아
차겁고 무겁게 내린 옥춤사위

옥춤사위에
열아홉 꽃망울 올려
뜨겁고 가볍게 흩날린 얼음송이

잎 털어낸 나무에
목화솜으로 쌓여
청상의 일상 덮고 피어난 옥화송이

앳된 청춘은
나무에 걸어둔 희망 탐구하며
소담이 피워내는 백화

무학대사
– 간월도 간월암

유도화 만발한
간월암
뜰안

가득채워 넘치는
하이얀 달빛위에
떠다니는 번뇌망상

성난파도에 부서진
실상은
수평선으로 침몰하고

청파물결에 채인 무상
달빛으로 건져올려
자연만물과 노니는 동사석

고요한 적멸에
새옷입혀 구도하는 정진의
득도

소금

태양의 혹독이 염기 앗아간
네모난 알갱이는 그 앞에서만
광채를 발휘하는 보석이었다

사또네 광속으로 팔려와
서생원 송곳니 갈근밥되어
둥근 맛소금이 되었다

갉아먹던 송곳니가 닳았는지
인스턴트 식품이라며 이름도 명예도 지웠다
태양앞에서만의 보석은 눈물에 녹다

땡큐
맞아! 간기없이 못 산 사람에게
소중한 맹물, 땀이라도 되자며

부끄러운 가슴 절절이
승리의 나팔을 불어댔다
천사의 나팔을 불어댔다

보양식

– 미꾸라지

뻘 속에 영양만 골라먹다
별세상 궁금해 짧은 수염 내밀었더니
수염 건드린 호객이 뜰채에 올려줬다

맹물에
뻘을 헹구고 나니 보호해줄
비늘없는 체구인줄 첨 알았다

대나무 소쿠리에
왕소금 내려앉아
전문가 손길이 주물럭대니

비늘대신 거품만 품어내다
약자에게 강건을 도모해 주자며
단박에 일자로 눕혀진 충성심

허약체구에 보양식 되어주면
허준 의학전서에 최고 보양식
"미꾸라지"라고 이름올려 주실꺼여

사랑의 十進法

1 일손에 꽃으로 핀 추억
2 둘이서 마주보던 버드나무 밑
3 세세한 말 못다함
4 네 개 보내면
5 오월 아카시 숲 향기로 올까!
6 육두문자 사자성어 골라 모아서
7 칠석날 견우직녀 흉내낼까봐
8 팔벌려도 아니오는 오래된 정원
9 구구법의 배수로 넘쳐 버린 시간
10 열렬했던 가슴 꺼내 보여주려했더니만

삶의 진리 · 1

– 모든것은 오로지 마음먹기에 달렸다

보고 안봄이요
빈 항아리 되어보기오
배우자 건강, 내 건강 챙기기오
용돈을 아끼지 마시오
좋은 벗과 웃으시오
하고싶은 일을 하시오
행복한 자녀 바라보기오
흰 빈 항아리가 되어도보고
고려 분청자기도 되어보고
이조 청자항아리도 되어보고

삶의 진리 · 2

- 지옥과 천국

그대, 비천하다고 생각하오
지난 세월에 베풀지 아니함이잖소
자식이 나를 돌봄이 없다고 생각하오
내 부모를 편히 모시지 않는 까닭을 아시소
상대방은 내 거울이니 그를 통해 나를 보시오
가난한자 보거든 비웃지마소
당신도 그럴 때가 올 것을 기억해 보시오
좋은 씨앗을 뿌리소
그래야 우량종 열매를 거두지오
짜증과 원망과 미움의 순간은 지옥인줄 알소
감사를 사랑하면 그게 바로 천국이오
지옥과 천국은 내 마음속에 키우고 있소

삶의 진리 · 3

-난타도 되어보며

늙더라도 명예 재물 식탐을 마시오
모든 것 내려놓기오
많이 분노하고 작게 웃지마오
목젖이 보이도록 웃어보오
화를 작게 내고 짧은 잠을 즐기시오
잊고 살기오
말을 줄이고 산책을 하시오
명상! 추억을 즐기시오
남도 찬탄하고 자식도 찬탄하시오
자화자찬도 해보고

삶의 진리 · 4

- 이지적 삶 낮춰살기

정신적 비굴을 용감으로 추대해 보기
경제적 후함에 명기를 부과해 보기
사회적 비겁에 용기 채워보기
가정적 불화는 단명요인이니 행복 불러 모으기
신체적 나태는 건강에 안 좋으니 유산소 운동 즐기기
생활을 참기름과 버무려 깨소금 맛 내기

서설 · 3

아이는 좋아 날뛰고
강아지도 꼬리를 살랑살랑 흔들고
맞이하는 서설

날렵한 빙공 손길이
얇게 저며 날린 흰 나비이다가
한 점점 꽃으로 쌓이면

소리낼 줄 모르는 현(絃)의 가닥
무량한 독경포살로 흔들어
음률 튕겨내는 소실의 삼경

등촉견 그리움과 동침하다
지새운 뜬눈 포근히 감싸
잠재운 초옥방*

* 초옥방(初玉雱) : 첫 눈.

양심

한 몸에
두 빛깔, 등검고 흰 배 지닌
흑칠 백칠

몸 보신에 백효이나
흑심깔고 백심펼친 관능 보유
화사보다 구하기 어려운 미적 생물

남남 북북 서서 동동걸음
뚝 그친들
의식주 해결 못할까

해녀

사계절
물타고 사는
가장

구름낀 날
흐린물 빛을
조심한다

있었던 것을 없다라고
마음밖으로 밀어내고
태연을 키운다

바다밑 사정은
거울보듯 환하다
머리풀고 앉아있는 물귀신 본 날은

은어를 써서
동료들에게 신호한다
"물밑이 궂다" 라고

두룽박과
망을 들고
물 밖으로 황망히 나온 그들

안도의 숨을 쉬며
집을 향한
발걸음이 가볍다

그리움·2

– 젊은날의 초상(肖像)

자연은
정직한 대지에
해마다 초록을 입히는데

미수를 문턱앞에 세우고
젊은 날들을
명상으로 즐긴다

건설 제2 국장시절
경제개발 5개년 성장즈음
큰 섬개발 담화문 중에서

"건설인은
건설장비로
대지를 조각하는 예술인이다"

라이프 사이클에 조준된
젊은 날 수행의 날들은
활기찼던 인생의 산정(山頂)이었다

철없는 소년으로 물러앉아
잘난 가닥들을 추려 셈을 해보니
그 중 인간미가 최고였다

경제개발, 산업화도 궤도에 올렸고
주변, 신접살이 새댁 남편도 도우고
정직 청빈 도우미는 삶 기본 일원이었다

신접살이 도운 새 댁 남편이
삼년전에 타계했는데 많이 울었다
이 또한 본능의 인간미 아니던가

동수나무 · 2

사백년동안 그 자리 선 채
새날만 먹고 사는 동네 어귀
동수나무 한그루

농사일에 지친
농부의 땀
그늘지어 식혀주고

한 여름
검은 구름이 쏟아낸 소나기
우산되어 받아주는 그 마음 고마워

정월 대보름에는
부정한 사람 행보를 막는 금줄을 두르고
동네 안녕의 염원 담아 진상올린 상차림

고향 산천은 옛 그대로인데
잎잎마다에 그리운 얼굴만 새겨있고
씨름하고 놀았던 소년은 간곳 없네

빗금없는 네모판길 앞에두고 장군이야! 멍군이야!
젊은날 그리듯 노옹들의 힘찬 훈수소리에
생기찾은 만개의 잎들도 두텁게 살찌운다

화전

– 삼각지

황토와 원시적 잡초들은
시대를 초월한
전리품처럼 잠자고

두레박으로 부어댄 주인없는 황금
로즈향 쏟아도 수면에 취해
거절하는 토룡

절개의 보를 쓴 삼각지는
변화없는 지용으로
꿈틀이지 않은 화전을 흠모한다

옥류장에서

사또 밥상처럼
정성 깃든 양념 묻혀
요술의 빛깔을 펼쳐내고 있는 산해진미

정오의 시장끼를 눈요기가 채워내는
전, 찜, 탕, 삼색구이, 전통요리
화려한 식단앞에 귀빈을 모셔놓고

교자상 귀퉁이에 자리잡아 차리고 있는 고향의 찜
싱싱한 물고기 호박잎에 싸서
불에 굽거나 밥솥에 미구라지찜 쪄먹는 자연의 맛

생명력 넘치는
인위적 기술 넘치는 '옥류장'
교자상 차림에 비할까

통자하(筒子河)

명실상부한 왕가 주인
장방형 공간 볼 수 없도록
성벽밑에 1Km 흐른 통자하(筒子河)

시간이 쌓은 탑 높이도
초를 다투어 허물어지는 오천년 역사
실세도 낯이 있어 자금성에 머물게 했던

'마지막 황제 푸이'
통자하 맴도는 물결위에 죽지 않은
천도주(天挑酒) 잔 띄워놓고

역대 황제에게 제배(祭拜) 올리다

꽃

꽃의
만개는 만인에게
환한 미소를

낙화는
모든이들에게 넘겨준
가을 이미지

씨눈은 남아
봄을 준비하는
꽃 눈을 키우고

내년을 기약하는
꽃등 준비에 동참해 줄
春雨 雨花 花風 風水

제5부

시집평설

새로운 인생 출발과 자아회귀 시로써 형상화

박 진 환
(시인 · 문학박사)

1. 前提

身老不心老란 흔히 쓰는 말이 있다. 몸은 비록 늙었으나 마음은 젊었다 함이니 나이들어 비록 늙은이라 할지라도 마음만은 젊은 행세를 하고 싶어 한다는 뜻이다.

소포클라스의 말을 빌면 늙어가는 사람만큼 인생을 사랑하는 사람은 없을 것이다 쯤이 되지 않을까. 인생에 대한 사랑없이 마음이 젊을 수는 없을 것이기 때문이다. 시쳇말로 하는 인생은 70부터라든지, 이제 인생은 120세까지 살아야 한다든지 하는 말도 인생의 장수욕구와 함께 생의 긍정적 인식이 바탕한 생에 대한 사랑의 다른 에둘림일듯 싶다.

採根談에 나오는 하루해가 벌써 저물었으되 오히려 노을이 아름답고, 한해가 장차 저물려 해도 귤향기가 더욱 꽃다웁다. 그러므로 인생의 말로인 말년은 군자가 마땅히 정신을 다시 백배할 때이다도 잇대어 보면 사랑없이는 체험할 수 없는 생에 대한 긍정이 아닐까.

서두부터 생과 생에 대한 사랑을 들고 나온 것은 그럴만한 이유가 있어서다. 傘壽의 만년에 인생을 새로이 출발시킨 시인이 있기 때문이다. 출발의 변에 의하면 '생기가 떨어진 체력에 생기 높일 / 한방침을 꽂고 흘러간 춘하추동 속에 / 범접해 달려있는 희노애락끈을 당기니 / 회춘이 걸어나와 얼굴 붉힌다'고 회춘으로 생의 새로운 출발을 선언하고 있는데 시집 『꽃등 켜는 고목』은 이를 시로 말해주고 있는 것이 된다.

시집 서문격인 「책머리에」 글중의 일부는 이를 보다 극명히 해 주고 있다. "아침 햇살처럼 순하게 활동했던 젊은날, 삶의 짐 내려 놓은지 오랜 지금 소년으로 돌아와 평소에 생각나는데로 적어 두었던 글들을 정리한 원고지를 본 가족이 책내기를 권유하였다."고 피력한 시집상재의 변에서 "삶의 짐 내려 놓은지 오래인 지금 소년으로 돌아와"는 회춘과 회춘으로 붉힌 얼굴의 소년으로 돌아온 시인 자신에게로의 회귀에 대한 진술이다.

새로이 시인으로 출발한 시인의 회춘과 소년은 스스로 자신에게 돌아오는 귀환이자, 시에의 회기라 할 수 있다. 이 말은 시인의 삶이 시와 멀리 있었으나 끝내는 시와 시인으로 돌아와 시인으로 새로운 인생을 출발한다는 선언쯤이 된다. 그런가 하면 시인 자신의 고백적 진술인 "국문과를 가려고 했으나 아버님 성화에 법학을 전공"해야 했고, 그러다 보니 "홍옥으로 익은 낙조의 해를 담아 미수를 이마에 붙이고 생각에 잠기니 정오가 획 지나갔다"고 가버린 삶을 술회하고 있는 것도 같은 맥락의 것이다.

이러한 술회속엔 가버린 세월을 말하고자 한 것이 아니라 미수를 이마에 붙인 만년을 깃점으로 새로운 생을 출발시키는 출발의 의지를 피력하는, 시와 시인으로 살아가고자 하는 다짐이 들어있다. 그리고 이러한 다짐의 실천으로 시인은 시집 『꽃등 켜는 고목』을 상재한 것이 되는데 여기에서 '꽃등 켜는 고목'은 시인 자신이자 자신을 밝히는 시를 의미한다고 볼 수 있다.

꽃등과 고목이 환기시키는 메타포는 고목으로서의 시인과 시로서의 꽃등이라는 객관적 상관물을 읽을 수 있게 하는데 "시인은 속으로부터 자기 자신을 이야기하고 있는 것"이라는 임어당의 말은 이런 경우에도 적용될 듯 싶다.

시집 『꽃등 켜는 고목』에는 4부에 나누어 80여편의 시가 수록되어 있는데 계절의식, 역사의식, 일상의식, 그리고 삶에의 의식과 같은 것들이 시의 메인 이미지로 작용하고 있다고 보여진다. 시를 제시했을 때 이해를 도울 것으로 보고 시집으로 돌아가 보기로 한다.

2. 네 詩域을 통해 시집 읽기

시집에 수록된 시는 시의 성질이랄까, 특성이랄까, 동류항의 시편들을 4부에 나누어 싣고 있다. 1부는 「입춘」이라는 제하에 19편을, 2부엔 「보물1호」란 제하에 16편을, 3부엔 「월계관」이란 제하에 25편을 그리고 4부엔 「평상심」이란 제하에 22편, 도합 82편의 시를 수록하고 있다.

먼저 1부의 시편들부터 만나보기로 한다. 수록시「입춘」이 말해주듯 대부분의 시편들이 꽃이거나 꽃에 연계된 발상을 빌어 형상화되고 있다. 그 중 몇편의 시를 예시해 본다.

가) 빳빳하게 얼어 굳었던
꺾인 무명필에
풀기가 가셨다

개폐기능을 상실했던
창호문 뒤에 숨어있던 방안이
겨우네 뒤집어 쓴 먼지를 털고
얼굴을 내민다

울타리 가로 둘러친 가지들이
방울종을 흔들어
노란 종소리로 한나절을 감아 두르고

입덧이라도 났는지
참새 몇 마리가
한나절 여린 햇볕을
껍질까듯 쪼아대고 있다

나) 수줍어 붉히는
가득한 부끄러움 이었다가
천사도 지을 수 없는
환한 미소였다가
날선 바늘끝 햇살에 꽂힌
나비였다가
한나절 그늘을 말아가는
바람이었다가
하느님이나 읽을 수 있는
말로는 해독할 수 없는 표정이었다가

如可 如可
五如可

예시 가)는 「봄」, 나)는 「꽃」의 각각 전문이다. 두편의 예시는 매우 섬세하고도 예각적인 고성능 감각을 보여주고 있다.

예시 가)에서 '봄'이라는 계절을 형상화하는데 계절로서의 총체적 해석보다는 봄과는 거리를 두고 있는, 형식주의 시법에 의하면 봄이 자동으로 연계시키는 고정관념들을 의도적으로 배제하고있다. 그 때문에 봄이 환기시키는 꽃이나 꽃에 연계되는 자동전달로서의 그런 것들이 아니라 의외의 사실이나 사물들이 전면에 배치됨으로써 전경화적 수법을 보여주고 있다.

1연에서의 해동을 '빳빳하게 얼어 굳었던 / 꺾인 무명필에 / 풀기가 가셨다'라고 에둘러 의외의 사물을 전면에 내세움으로써 고정관념에서 일탈하는 시법을 보여주고 있는데, 이런 경우는 전경화의 시법으로 보아줄 수 있게 하는 부분이다.

2연도 그렇다. 해동이 됨으로써 굳게 닫혔던 문들이 열려 봄을 맞는 것을 '개폐기능을 상실했던 / 창호문'이라고 한다든지, 방안이 '겨우네 뒤집어 쓴 먼지를 털고 / 얼굴을 내민다'등도 같은 맥락의 시법에 잇대이고 있다.

3, 4연도 예외는 아니다. 울타리가에 노란 개나리가 피어 있다는 사실을 '울타리가로 둘러친 가지들이 / 방울종을 흔들어 / 노란종소리로 한나절을 감아두르고'로 변용해내고 있기 때문이다. 그리고 4연도 해동이 되자 먹이를 찾아 이리날고 저리날면서 지저귀는 새떼들을 '한나절 여린 햇볕을 / 껍질까듯 쪼아대고 있다'고 변용해내고 있는데 이는 다같이 전경화의 수법과 맥락을 같이 하고 있는 것이 된다.

예시 나)의 「꽃」도 꽃이 자동전달하는 관념은 '꽃이 피었다'가 아니면 '아름답게 피었다'가 고작이다. 헌데 예시는 행간 어디에도 '꽃이 피었다'는 진술은 찾아볼 수가 없다. 대신 꽃이 피어있는 상태를 '수줍어 붉히는 /가득한 부끄어움'이나, '천사도 지을 수 없는 / 환한미소', '날선 바늘끝 햇살에 꽂힌 / 나비', '한나절 그늘을 말아가는 / 바람', 그리고 '하나님이나 읽을 수 있는 / 말로는 해독할 수 없는 표정'등으로 꽃이 피어 있는 사실을 철저히 변용하고 있기 때문이다.

이러한 전경화나 변용은 현대시법을 대표한다는 점에서 전경우 시인의 출발이 만만치 않음을 보여주는 것이 된다.

제2부 「보물1호」 시편을 살펴본다. 「광화문」, 「남한산성」, 「무영탑」 을 비롯한 역사적 현장을 중심으로 그 인접성의 것들을 형상화 해내고 있는 2부의 시편들은 한마디로 집약하면 역사의식의 시편들로 대표된다고 할 수 있다. 「보물1호」 니, 「한강」 외에도 중국기행을 통해 답사한 역사현장들도 예외없이 맥락을 같이하고 있기 때문이다. 몇편의 시를 예시했을 때 이해를 도울 것으로 본다.

가) 성머리 기왓장에
독새풀이 성글다

담쟁이잎
성벽을 기어오르고

쑥국새 울음으로
팽팽히 부풀어 오른 적요
청솔앞에 찔려 터진다

병자굴욕 아는지 모르는지
세월로 왔다 세월로 가는 탄천
묵묵히 허리틀어 흐르고

숨죽인 역사의 숨결만
한숨처럼 들린다

나) 뜨락 깊은 굴뚝 지키는 위용의 향목(香木)은
상록(常綠)으로
정절지키고 있기에

놋쇠 재떨이 배꼽치는
오죽의 긴 담뱃대 대통주인
대원군 호령의 역동(力動)이 꿈틀거린듯하다

지휘를 뺏긴 한을 담아
도모하는 의지를 담아
잎 치켜 올려 뻗치는 먹물의 권위

날던 새도 주저앉힌다는
웅장한 국태공 목소리 들릴 듯한
역사의 숨결이 메아리쳐 보이는 듯

예시 가)는 「남한산성」의 전문이고, 나)는 「운현궁」

의 일부이다. 예시에서 공통으로 읽을 수 있는 것은 '역사의 숨결'이다. 예시 가)에서의 '숨죽인 역사의 숨결만 / 한숨처럼 들린다'나, 나)에서의 '웅장한 국태공 목소리 들릴듯한 / 역사의 숨결이 메아리쳐 보이는 듯'이 그러하다.

이러한 역사의 숨결을 통한 역사의식을 발상으로 해서 역사의 현장에 역사의식을 오버랩시켜 재구성해 내는 형상화는 결합과 해체를 자유로이하는 상상력의 역할이 보여주는 현재의 직관에 과거의 경험을 오버랩시키는 시의 메타포를 성립시키는 작용을 담당한다는 점에서 바람직한 시법의 구사라고 할 수 있다.

예시 나)에서의 '운현궁' 현장을 배경으로 한 시 「운현궁」도 예외는 아니다. 1연에서의 '상록'과 '절개'의 연계, 2연에서의 '놋쇠 재떨이'와 '담뱃대 대통주인', 3연에서의 '잎 치켜 올려 뻗치는 먹물의 권위', 그리고 4연에서의 '웅장한 국태공 목소리 들릴듯한'등의 시행이 환기시키는 역사의 단면단면을 컷으로 제단해다 직관에 연계시키는 상상력의 역할이 돋보이기 때문이다.

상상력의 역할이 시를 광채있게 해주는 메타포를 성립시키는데 기여한다는 점에서 보면 예시들이 보여준 상상력의 동원은 매우 바람직스러운 것으로 보아줄 수 있다.

제3부의 시편들은 정서 · 인사 · 생활주변의 일상들을 발상으로한 평범한 사실들의 형상화를 보여주고 있는데 예시는 이를 보다 극명히 해줄것으로 본다.

믿음직스런 내 고슴도치들이
부모섬긴다고 용돈을 보내왔다
미안한 마음에 선뜻 찾지 못하고 있는데
아내의 용돈타령이 비위를 거슬린다

어슬렁거리며 인출해온 돈 다발을
방바닥에 휙 뿌리며
"고슴도치 주제에" 한마디를 던졌다

지폐속 세종대왕님의 무덤덤한 표정이
근엄하게 주름을 펴시며
"어흠, 평생을 뒷바라지 해준 면상에
주름을 깊게 하다니" 일갈이시다

나랏님 말씀을 귀동냥했는지
아내도
주섬주섬 간추린 돈다발에서
절반을 뚝 떼어 건네준다

예시는 「고슴도치 주제에」란 시의 전문이다. 수록시중 「며느리의 전화」에 의하면 '화려했던 젊음도 늙어지면 힘없이 / 자기살을 깎아내는 고슴도치일뿐'이라는 시행을 볼 수 있는데 이는 만년에 자식들로부터 받아 쓴 용돈을 '자식살 깎아내는 것'으로 인식한데서 고슴도치로 명명된 것을 알

수 있게 한다.

자식들이 돈을 보내온 사실을 알고 아내가 용돈을 요구하자, 차마 찾아다 쓰지 못한 심정을 읽지 못한 아내가 아니꼬와 돈을 찾아다 주면서 '고슴도치 주제에'라고 한마디 건네고 돈을 획 뿌려준다.

일상의 주변, 흔히 있을 수 있는 내외간의 관계에서 일어날 수 있는 작은 에피소드를 교묘히 시로 착상, 돈에 그려진 세종대왕의 초상화가 '어흠, 평생을 뒷바라지 해준 면상에 / 주름을 깊게 하다니'로 꾸짖게 함으로써 아내에 대한 미안함에서 면책되고자 하는 발상이 재미 있고도 정감을 불러일으키게 해준다.

흔히 주변에서 목도되는 노부부의 일상이 환기시키는 시니어시대의 시대상의 한 단면을 읽게 해주고 있어 빙그레 미소를 자아내게 한다.

끝으로 4부의 시편들은 '귀향', '그리움', '삶의 진리등' 고향의식과 고향의식이 불러 일으키는 그리움, 그런가 하면 삶의 진리등을 통한 깨달음 같은 것들이 발상으로 작용, 건져진 시편들로 이루어져 있다.

한가한 마당 귀퉁이
바람이 살며시
잔설을 쓸어 모은다

정수리에 백모

하나, 둘 늘어
텃밭 가꾸어 군락 이루었는데

새 봄
추억을 싣고
또 오려나보다

예시는 아무렇게나 골라본 4부에 실린 「그리움」이라는 시의 전문이다. 노경의 심회랄까, 되돌아보며 떠올리는 추억 한자락이랄까가 여과 없이 베어나는 시다. 그 중 '새봄 / 추억을 싣고 / 또 오려나 보다'고 진술된 종연의 '새봄'과 '추억'은 음미해 볼만 하다고 본다. '새봄'은 회춘으로서의 봄, 곧 새로이 출발시킨 인생이 맞을 봄일 수 있고, '추억'은 인생황혼을 되돌아보며 새봄을 맞을 待春의 출발깃점으로 과거를 현재로 돌려주는 구실을 할 수 있을 것으로 보기 때문이다. 적어도 새로운 생을 출발시키고 있는 전경우 시인의 편에서서 보면 그러할 수 있다는 뜻이다. 이쯤에서 결론을 제시해도 될 것 같다.

3. 결어

지금까지의 지적은 전경우 시인이 새로운 인생 출발을 선언하면서 상재한 시집 『꽃등 켜는 고목』에 대한 조명의 글이다. 이를 집약하면 결론이 될 수 있을 것으로 보는데 시집 『꽃등 켜는 고목』은 전경우 시인의 새로운 인생좌표의 설정이자 자기 자신에게로의 회귀와, 오랜 꿈이었던 시와 시인의 길로의 귀환과 함께 출발이 되어주고 있다는 점에서 박수에 값할 것으로 여겨진다.

•

전경우 시인은 경북 봉화 출생으로 서울대학교 법과대학과 동 대학원을 졸업했다. 행정학 석사로 안동중, 고등학교 교사와 서울시립대학 공법교수 그리고 서울시 건설부 과장, 국장, 국립지리원장(관리관)을 역임했다. 헌법기관인 민주평화통일자문회의 상임위원, 경기도 시군협의회장, 사단법인 부동산중개업협회 사무총장 역임 후 현재 사단법인 대한부동산학회 고문으로 있다. 민자당총재 표창장, 녹조소성훈장 및 국민훈장 모란장, 전씨종친회 종장(금메달)을 수훈했다.

•

조선문학시인선 309

꽃등 켜는 고목

2012년 2월 5일 인쇄
2012년 2월 10일 발행

지은이 / 전경우
발행인 / 박진환
펴낸곳 / 조선문학사
등록번호 / 1-2733
주소 · 110-092 서울 서대문구 홍제2동 96-4
대표전화 / 730-2255
팩 스 / 723-9373

ISBN 978-89-93614-78-7

정가 8,000원